Mortimer Loses a Friend
Third Edition

МАРТИМЕР ТЕРЯЕТ Д РУГТ
A Dual Language book

by Diana Deregnier
illustrated by
Daniel Burgess

Russian Translation
by Tanya Parfenyuk

In loving memory of
Adrian James

Story Copyright © 2014 Diana Deregnier

Illustrations Copyright © 2014 Daniel Burgess

Printed in the U.S.A.

ISBN-13: 978-1499325188

ISBN-10: 1499325185

Third Edition

English-Russian Translation

"Have you heard? Have you heard? Come quick! It's just awful. Poor Mortimer, he's beside himself. Joey, Fonzi, come quick. We've got to do something to help," Wendy llama called to the forest friends. Wendy, young, curious and independent, came to live in the forest when she ran away from a nearby farm looking for new adventures. Wendy feels like a mother to the other animals but today she doesn't know what to do to help Mortimer moose.

"Ты слышал? Ты слышал? Иди сюда! Это просто ужасно. Бедный Мортимер, он ушел в себя. Джоуи, Фонзи, идите сюда. Мы должны что-нибудь сделать, чтобы помочь," - лама Вэнди позвала своих лесных друзей. Вэнди - молодая, любопытная и независимая, пришла жить в лес, когда убежала с фермы, которая располагалась неподалеку, в поисках новых приключений. Вэнди чувствовала себя матерью для других животных, но сегодня она не знает что сделать, чтобы помочь лосю Мортимеру.

Fonzi squirrel scampers from tree to tree wondering how Mortimer can be beside himself. Maybe he has a mirror Fonzi thinks. When he gets to the clearing, Fonzi springs down in front of Wendy, giving her a start even though she sees him coming.

Бельчонок Фонзи стремглав перескакивал с дерева на дерево, так как ему было интересно, почему Мортимер мог уйти в себя. "Возможно у него появилось зеркало?" - подумал Фонзи про себя. Когда он добрался до поляны, Фонзи спрыгнул вниз перед Вэнди, давая ей понять, что он пришел, даже хотя она видела, что он идет.

Joey raccoon comes fast as he is able, but being rather over-fed by well-meaning humans, quick is not what Joey does best. "What is it?" He calls as he pushes his way through brambles and prickly holly bushes. "Whatever has happened, don't worry we'll fix it."

Енот Джоуи пришел так быстро, как только можно, но из-за того, что он был перекормлен благонамеренными людьми, быстро - это не то, что у Джоуи получается лучше всего. "В чем дело?" - он звал, пока прокладывал себе путь сквозь колючки и колкие кусты остролиста. "Что бы не случилось - не беспокойся, мы все исправим."

Sully and Sammy, two cheeky crows, watch from a branch on a great old oak tree but wait to hear what Wendy says before they decide if they want to take part.

Салли и Сэмми, две наглые вороны, наблюдали с ветки большого старого дуба, но ожидали услышать, что скажет Вэнди, перед тем, как решить, принимать участие или нет.

Now that Wendy has everyone's attention, she takes a breath and breaks the news, "Mortimer has lost Posy skunk, his very best friend."

Теперь, когда все внимание было приковано к Вэнди, она вдохнула и объявила новости: "Мортимер потерял Пози, своего самого лучшего друга."

"Not to worry. Let's go find him then." Fonzi squeals. "You look over there and I'll climb the biggest tree in the woods from where I can see far and wide."

"Не беспокойтесь. Давайте пойдем и найдем его," - взвизгнул Пози. "Вы ищете там, а я заберусь на самое большое дерево в лесу, с которого я смогу далеко наблюдать."

"Oh, no Fonzi, not that kind of lost. Posy has died," says Wendy.

Нет, Фози, он потерял его не в этом смысле. Пози умер," - сказала Вэнди.

"Oh, dear! Oh, dear! That's terrible. Just terrible." Joey declares. "But, what is 'died'?"

"О, Боже! О, Боже! Это ужасно. Просто ужасно," - сказала Джоуи. "Но что такое 'умер'?

Fonzi chatters something Wendy could not quite hear and climbs atop a great boulder to look across the meadow.

Фонзи что-то говорил, но Вэнди не могла его хорошо расслышать, поэтому она забралась на вершину большого валуна, чтобы посмотреть чезез весь луг.

"Death means you don't come back," explains Wendy. *"Posy is gone forever. That's why it is so sad. He cannot come to play with Mortimer ever again."*

"Если ты умер, это значит, что ты больше не вернешься," - объяснила Вэнди. "Пози ушел навсегда. Поэтому это так грустно. Он больше никогда не сможет прийти поиграть с Мортимером."

"He won't come stink up the place ever again?" Sully cackles, knocking Sammy off the perch. Joey laughed so hard he fell completely over in a somersault.

"Он больше никогда не будет вонять?" - захихикала Салли, сбив Сэмми с ветки. Джоуи так сильно рассмеялся, что упал и катался по земле.

"Sully, be nice." Wendy scolds. *"You know that Posy only sprayed scent to defend himself."*

"Салли, будь вежливой," - отругала Вэнди. " Ты же знаешь, что Пози распространяет свой запах, только чтобы защитить себя."

"Well, he had a little accident once when I rolled off the trash can I was trying to open," Joey mutters.

"Ну, у нас с ним однажды произошла небольшая неприятность, когда я скатился с мусорного бака, который пытался открыть," - пробормотал Джоуи.

Just then Mortimer shuffled toward them, his big brown nose drooping nearly to the ground. His antlers seem to lead his head in their direction. With one loud sniffle from that very grand nose and a deep, sad sigh, Mortimer stands before his forest buddies.

В это время Мортимер медленно прошел перед ними. Его большой коричневый нос свис почти до земли. Его рога, казалось, перевешивают его голову. С громким сопением, выходящим из его большого носа и тяжело, печально вздыхая, Мортимер встал перед своими лесными приятелями.

"Mortimer, we're so sorry you've lost Posy. And the fellows are sorry for laughing when you hurt so badly. We're going to cheer you up and find you another friend and you'll forget all about Posy. Everything is going to be okay. You'll see." Wendy preaches.

"Мортимер, мы так сожалеем о твоей потере. И товарищи извиняются за насмешки, в то время, когда тебе так больно. Мы тебя приободрим и найдем тебе другого друга, и ты забудешь о Пози. Все будет в порядке. Вот увидишь," - сказала Вэнди.

Mortimer looks up at his friends through big watery eyes and replies, "Oh, no, Posy would have laughed too. He knew he was a skunk and he was proud of his special weapon. No one else could do what he did. You are kind to want me to feel better but you don't understand. I need for you to be happy. I don't want to feel like I should cheer you. Besides, Posy was a special friend, not a button you can sew back on or replace with another. Nothing will make it okay. I will miss Posy my whole life."

Мортимер посмотрел на своих друзей большими, полными слез, глазами, и ответил: "О, не стоит, Пози бы тоже посмеялся. Он знал, что был скунсом, и гордился своим особым оружием. Никто бы не смог сделать то, что он делал. Вы хотите, чтобы я чувствовал себя лучше, но вы не понимаете. Мне нужно, чтобы вы были счастливы. Я не хочу думать о том, что должен вас развеселить. Кстати, Пози был особым другом, он не был пуговицей, которую вы можете пришить обратно или заменить другой. Ничто его не вернет. Я всегда буду по нему скучать."

"Mortimer, what can we do to help?" Wendy asks and everyone leans forward eager for his answers.

"Мортимер, что мы можем сделать, чтобы тебе помочь?" - спросила Вэнди, и все подошли поближе, стараясь услышать его ответ

"I know! I know!" Cries Joey. "I'll go to the Adam's garbage can and find you a special treat. They throw away really good stuff. I'm sure this time I can get the lid off."

"Я знаю! Я знаю!" - вскрикнул Джоуи. "Я пойду к мусорному баку Адама и найду тебе особое угощение. Они выбрасывают действительно хорошие вещи. Я уверен, что в этот раз смогу снять крышку."

"Oh Joey, thank you, but what I would really rather do is go to our favorite berry bush. Posy and I played there many times and ate berries until dark." Mortimer says, longing for his friend. "Let's everyone go and on the way I will show you Posy's home."

"Спасибо, Джоуи, но то, что бы я действительно хотел сделать, так это пойти к нашему любимому ягодному кусту. Пози и я играли там много раз и ели ягоды до самой темноты," - сказал Мортимер, тоскуя по своему другу. "Давайте сходим туда все вместе, и по пути я покажу вам дом Пози."

So Wendy llama walks with Mortimer and Joey raccoon follows close behind trying not to be distracted by wild raspberry and strawberry patches. Fonzi, being exceptionally agile and fast, scurries ahead peering into any suspect hiding place and around rocks and down holes where he almost got an unpleasant nose thumping by an angry rabbit. Fonzi just can not imagine someone being gone forever.

Лама Вэнди пошла с Мортимером, а енот Джоуи следовал за ними, стараясь не отвлечься на кусты дикой малины и клубники. Фонзи, будучи исключительно гибким и быстрым, несся впереди, вглядываясь в любые подозрительные укромные места, вокруг камней и в норы, где он чуть не получил неприятный удар в нос от злого кролика. Фонзи просто не мог представить кого-нибудь, ушедшего навсегда.

Sully and Sammy soar and dive, zigzagging above their friends. "I don't think Posy is altogether gone. I feel like he's here. There is something of him still with us," caws Sammy.

Салли и Сэмми взлетали вверх и ныряли вниз, петляя над своими друзьями. "Не думаю, что Пози вообще ушел. Я чувствую, что он здесь. Есть что-то от него, что остается с нами," - каркнула Сэмми.

Just then Mortimer picks up the pace and begins to run. "Do you see it? It is just the best home for a skunk, a hollow log, all his own. Posy was so happy there. Oh, I do miss my friend, but I feel better just saying his name and talking about how much fun we had." Just a few feet from Posy's home is a larger, grander log. Mama skunk and Posy's little sister, Petunia, come out to greet the visitors.

Вдруг Мортимер подскочил и быстро побежал. "Ты видишь? Это самый лучший дом для скунса, свое полое бревно. Пози был там так счастлив. Я так скучаю по своему другу, но я чувствую себя значительно лучше, когда произношу его имя, и когда говорю о том, сколько много мы веселились." Всего в нескольких шагах от дома Пози лежало бревно побольше. Мама скунс и маленькая сестра Пози, Петуния, вышли, чтобы встретить гостей.

"Don't let her see you cry, Mortimer. You'll make her sad," warns Wendy.
Mortimer braces himself but one large droplet falls from his left eye. "I'm sorry.
I don't want to make you feel worse Mama skunk."

"Не нужно показывать ей, что ты плачешь, Мортимер. Ты расстроишь ее," -
предупредила Вэнди. Мортимер взял себя в руки, но одна большая слеза
скатилась по его левой щеке. "Простите меня. Я не хочу, чтобы вы чувствовали
себя хуже из-за меня, Мама скунс."

"Oh, no Dear. It takes courage to show how sad you are. Your tears just let me know how much you love my little Posy. Posy's death has made me sad as a mother can be. Tears are inside me always now, and I must let them flow from time to time or one day I will just burst and cause a flood."

"Ничего страшного, дорогой. Требуется мужество, чтобы показать, насколько ты печален. Твои слезы дают мне понять, как сильно мой маленький Пози был важен для тебя. Смерть Пози опечалила меня, как и любую мать бы опечалила гибель своего ребенка. Теперь слезы постоянно наполняют меня, и я должна выпускать их время от времени, или однажды я просто лопну и залью все вокруг."

"Oh, Mama, you are so funny," squeaked little Petunia skunk as she tugged at her mama's side. "Posy has been gone a long time Mama. Let's go get him and bring him home."

"Мама, ты такая смешная," - пискнула маленькая скунс Петуния, и потянулась в сторону мамы. "Пози уже давно нет, Мама. Давай пойдем и заберем его домой."

Fonzi hears again that death means you don't get to come back as you were. It still does not make sense but he has not been able to find Posy anywhere. Surely Posy would come home if he knew what a fuss was being made over him.

Фонзи снова услышал, что смерть означает, что ты не можешь вернуть того, кто ушел навсегда. Он все еще не понимал, почему он не может нигде найти Пози. Конечно Пози бы вернулся домой, если бы знал как много шума поднялось из-за него.

Mama takes Petunia inside and the forest friends head once more for the berry bush. When the little band reaches Merry Hill overlooking the river, they stop to gaze out at the majestic sky full of puffy clouds. They tell funny stories about Posy – and even some naughty ones because none of us are good all the time.

Мама завела Петунию в дом, и лесные друзья снова пошли к ягодному кусту. Когда маленькая компания забралась на Мэрри Хилл, разглядывая реку, они остановились, чтобы полюбоваться прекрасным небом, полным пушистых облаков. Они рассказывали веселые истории о Пози, даже некоторые хулиганские, потому что все мы не всегда ведем себя хорошо.

"Posy is not gone at all," Sully says. "Can't you almost see him? Maybe death is the end of our body, but he seems alive with all this talk. I didn't know he had a sister and I had never met his mother before. He feels more real to me now than ever."

"Пози никуда не ушел," - сказала Салли. " Неужели вы его не видите? Может быть смерть и конец для нашего тела, но кажется, что он живой по этим разговорам. Я не знала, что у него была сестра, и я никогда раньше не встречала его маму. Сейчас он мне кажется более настоящим, чем когда-либо.

"Let's get some berries," Mortimer cries out, but this is a joyful cry. "I feel like Posy would be happy with us today."

"Давайте сходим за ягодами," - вскрикнул Мортимер, но это был крик радости. "Я чувствую, что Пози был бы счастлив с нами сегодня."

So up and on they walk and roll and bump and fly their way to the berry bush where Mortimer and Posy had filled themselves with berries and giggled with delight. Before long the animals were all laughing and calling out Posy's name. I remember this and I remember that, they would say. And every time they said "Posy," Mortimer heard it as a song, sweet as morning rain.

Так они и гуляли, и катались, и толкались, и летали всю дорогу до ягодного куста, где Мортимер и Пози объедались ягодами и хохотали от удовольствия. Все животные смеялись и выкрикивали имя Пози. Я помню это, а так же помню то, что они говорили. И каждый раз, когда они говорили о Пози, Мортимеру слышалось это как песня, приятная, как утренний дождь.

Mortimer knew he would sometimes cry and sometimes he would ache to have Posy by his side again but he felt ever so much better. Mortimer would always be Posy's friend, because love like theirs never dies.

Мортимер знал, что иногда он будет плакать, и иногда ему будет больно от того, что Пози больше нет с ним. Но он чувствовал себя так намного лучше. Мортимер всегда будет другом Пози, потому что любовь не умрет никогда

Acknowledgements
Diana Deregnier

Thank you to my precious son, Adrian, for inspiration and guidance. Thank you to my sisters Marla and Jan for recognizing Mortimer has stories that must be told. Thank you to my friend and colleague, Genesse Gentry, for believing in me when I could not. I love you circles. Thank you RC for pushing me out of the nest I would never have left. Thank you to my friend and colleague, Adele Ryan McDowell, for shining the light I dance to. And, huge thanks to my illustrator, Daniel Burgess, for sharing the enthusiasm for this and future Mortimer adventures and bringing the characters to life as I envision them.

Acknowledgements:
Daniel Burgess

Thanks to my mom Angela who was the first to introduce me to drawing my own pictures rather than just copying pictures from books. To Allison Reed, you always have and always will amaze me with your creativity. To my dad Philip thank-you for everything you taught me. To my grandfather Robert (Bopsie) I am thankful everyday for your legacy in my life, you are missed and loved.

Thank you to Diana for letting me become part of Mort's world, I hope Mortimer has many more stories and lessons to share with all of us!

My wife and only home Janine, I am thankful for your love and constant support, love you always (your guy ☺). Lastly to my firstborn son or daughter (I don't know yet who you are, you're a big bump on Mommies tummy right now... that moves) I'm excited to finally see you and getting to watch your own story unfold and getting to be a part of that, love Dad. (Update: Eli Robert Burgess, born December 14, 2012)

About the Author

Diana Deregnier writes, speaks and leads workshops on the many aspects of meandering our way through this complex life with spirit intact. Diana is currently taking lessons from Mortimer on how to live a happy childhood. She lives and works and plays in the Upper Rogue Valley of Southern Oregon.

About the Illustrator:

Daniel Burgess is an illustrator, sculptor, do-it-yourselfer home owner, Sandland Adventures tour driver, husband, and now a father, living on the Central Oregon Coast and trying to do all of these and more all at once! Keeps life interesting for this 26 year old.

www.ingramcontent.com/pod-product-compliance
Lightning Source LLC
Chambersburg PA
CBHW080325290526
45793CB00006B/1217